멈춰, 그건 혐오야!

WHAT DOES HATE LOOK LIKE?
ⓒ 2023 by Sameea Jimenez and Corinne Promislow
Illustrations by Juliana Neufeld
Published with permission of Second Story Press, Toronto, Ontario, Canada.
All rights reserved. No part of this publication may be reproduced, stored in retrieval system, or transmitted in any form or by any means, electronic, mechanical photocopying, recording, or otherwise, without the prior written permission of the Publisher.

Korean Translation Copyright ⓒ 2025 by Hanulim Publishing Co., Ltd.
This Korean Language Edition is published by arrangement with Second Story Press through The Agency Sosa.

이 책의 한국어판 저작권은 에이전시 소사를 통해
Second Story Press와의 독점 계약으로 ㈜도서출판 한울림에 있습니다.
저작권법에 의해 한국 내에서 보호를 받는 저작물이므로
무단 전재와 복제를 금합니다.

# 멈춰, 그건 혐오야!

### 혐오와 마주한 10대에게

사메이아 지메네즈·커린 프로미슬로·래리 스와츠 글  줄리아나 뉴펠드 그림  라미파 옮김

한울림어린이

# 차례

여는 글    6

**1장**    혐오는 어떻게 시작될까?    9
**2장**    혐오는 어떤 모습일까?    15
**3장**    혐오는 어떻게 보이고, 들리고, 느껴질까?    29
**4장**    사회 문화에 깊숙이 자리한 은밀한 혐오    69
**6장**    왜 행동해야 할까?    87
**5장**    혐오에 맞서려면    95
**7장**    혐오와 마주하기    113

혐오 범죄 통계    122
작가의 말    124

## 여는 글

> 어둠은 어둠을 몰아낼 수 없습니다. 오직 빛만이 어둠을 몰아낼 수 있어요. 혐오는 혐오를 몰아낼 수 없습니다. 오직 사랑만이 혐오를 몰아낼 수 있습니다.
>
> —마틴 루터 킹 주니어(미국 흑인 인권 운동을 이끈 개신교 목사)

우리는 '혐오'가 무엇인지 잘 안다고 생각합니다. 어떤 모습인지, 어떤 감정인지 안다고 말이죠. 하지만 사실 혐오는 말로 설명하기도, 이해하기도 어렵습니다.

'혐오'하면 가장 먼저 떠오르는 이미지는 무엇인가요? 지독한 냄새가 나는 음식? 징그러운 벌레들? 두통이나 치통처럼 기분 나쁜 통증? 아니면 내가 소중히 여기는 무언가를 누군가 함부로 만지거나 빼앗는 모습? 하지만 이 정도로는 부족

해요. 혐오는 본 모습을 드러낼 때 우리 몸과 마음에 격렬한 반응을 불러일으키기 때문입니다.

우리는 매일 사회 곳곳에서 혐오에 얽힌 수많은 이야기를 전해 듣습니다. 어쩌면 여러분도 겪고 있거나 겪었을 수 있습니다. 지역 사회, 소셜 미디어, 뉴스, 영화, 책 등에서 접했을지도 모르죠.

이 책에는 혐오를 마주한 10대들의 이야기가 담겨 있습니다. 우리는 이들의 눈을 통해 혐오를 들여다보고, 혐오가 무엇이고 어떻게 맞서야 하는지 살펴보려 합니다. 한 권의 책에 이 세상 모든 혐오를 담을 수는 없지만, 10대들이 마주한 다양한 혐오 이야기를 들려주려고 애썼습니다.

몇몇 이미지와 이야기는 보고 읽는 것만으로도 힘겨울 수 있습니다. 하지만 모두 세계 곳곳에서 오래전부터 벌이져 온 일들입니다.

우리 모두가 함께 더불어 살아가는 사회를 만들어 가는 데 이 책이 조금이나마 도움이 되었으면 합니다.

그럼에도 나는 여전히 사람들이 착하다고 믿는다.

—안네 프랑크(《안네의 일기》를 쓴 유대인 소녀)


모든 사람이 서로 관계를 맺고 있는 사회에서, 무언가를 결정할 땐 사회 구성원 다수의 동의가 필요합니다. 모두가 살아남아야 하니까요. 이것은 원주민의 입장이자 이 지구에서 살아가는 모든 이들의 입장입니다. 우리는 모두 이 지구상의 원주민이니까요. 모두가 더불어 살아가기 위해서는 이 사회를 새롭게 바꾸어야 합니다.

—레베카 애덤슨(미국 원주민 권익 보호를 위해 활동하는 사회사업가)


혐오의 뿌리는 두려움입니다. 자기 안의 혐오는 결국 자기 자신을 파괴할 것입니다.

—조지 워싱턴 카버(인종 차별에 맞선 아프리카계 미국인 농화학자)

# 혐오는 어떻게 시작될까?

태어날 때부터 인종이나 종교 혹은 출신 배경을 이유로 다른 사람을 혐오하는 사람은 없습니다. 혐오는 배워서 알게 되며, 혐오를 배울 수 있다면 사랑도 할 수 있습니다. 사랑은 더 자연스럽게 마음속으로 들어오니까요.

—넬슨 만델라(남아프리카공화국 최초 흑인 대통령. 노벨평화상 수상)

혐오는 어디서 생겨났을까요? 어떻게 시작될까요? 왜 사람들은 다른 누군가를 혐오할까요? 이 질문에 답을 찾기는 쉽지 않아요.

사람들은 세상을 자기만의 방식으로 보고 이해합니다. 저마다 자신만의 독특한 개성을 지녔기 때문이죠. 당연한 말이지만, '우리는 저마다 달라요.' 다름의 바탕은 종교일 수도, 인종일 수도, 가족이나 사회의 저마다 다른 문화일 수도 있어요. 이러한 다름의 조건들을 이해하고 받아들이고 존중하지 않으면 다른 사람에게 편견이나 적대감을 가질 수 있죠.

화가 났는데 이유를 알 수 없었던 적이 있나요? 나와 취향이 다른 누군가를 만났을 때 취향만으로 그 사람을 평가한 적이 있나요? 낯선 언어로 말하는 사람을 보고 '우리'가 될 수 없다고 생각한 적이 있나요?

나와 다른 누군가를 처음 만났을 땐 누구나 '낯선' 감정을 느낄 수 있어요. 하지만 이 감정이 편견으로 흐른다면 혐오의 시작이 될 수 있죠.

혐오는 감정이고, 느낌이고, 행동이고, 반응이에요. 사람들은 종교와 이념, 인종 등이 다르다는 이유로 혐오를 드러내요. 잘 모르는 대상에 대한 두려움에 편견과 선입견까지 더해져 걷잡을 수 없는 감정에 사로잡히곤 하죠. 질투나 부러움이 통제할 수 없는 부정적인 감정으로 끓어올라 혐오로 폭발하

**알고 있나요?**
2021년 국가 인권 위원회의 조사에 따르면, 지난 1년 동안 온·오프라인에서 혐오를 직·간접적으로 경험한 사람은 70.3%나 되었어요.

> **알고 있나요?**
> 전 세계 어린이의 3분의 1은 해마다 혐오를 경험합니다.

기도 해요.

  사람들은 혐오를 배우고, 가르치고, 보고, 듣고, 느껴요. 그러는 동안 혐오는 사람들 마음속 깊은 곳에 두려움과 분노, 상처와 고통을 안겨 주죠. 혐오를 드러내는 사람의 힘이 강할수록 혐오의 영향력은 더 커집니다.

  여러분이 누군가에게 혐오를 당하든, 누군가를 혐오하든, 혐오는 긴장되고 불쾌한 감정을 느끼게 해요. 화가 났을 때 몸이 스트레스를 받아 잔뜩 굳고 긴장한다는 사실을 알고 있나요? 이런 팽팽한 긴장감은 어느 한순간 혐오로 변할 수 있습니다.

# 2장

# 혐오는 어떤 모습일까?

사람들은 무엇이 인종 차별이고, 누가 인종 차별주의자인지 안다고 말합니다. 그들이 어디에 살며, 어떤 끔찍한 생각을 하고 얼마나 끔찍한 일들을 저지르는지도 알고 있다고 생각하죠. 물론 자기 자신은 결코 그런 사람이 아니라고 말해요. 주인공은 항상 그들이죠.

—크리슈나 만(미국 프리랜서 작가)

### 혐오의 상징들

〲은 오늘날 백인 우월주의자들이 사용하는 끔찍한 혐오 상징입니다. 〲은 본래 독일 나치당의 상징이었어요. 나치당은 집권한 12년 동안 자신들이 혐오하는 유대인, 집시, 장애인, 동성애자 등을 약 1,100만 명이나 학살한 집단이에요. 백인 우월주의자들은 나치당의 상징을 씀으로써 백인이 아닌 사람들의 목숨을 빼앗아도 된다는 뜻을 표현하고 있어요.

이뿐만이 아니에요. 백인 우월주의자들은 오랫동안 사회 운동에서 활용해 온 상징들을 훼손하고 유색 인종에 대한 혐오를 퍼뜨리고 있어요.

한 예로, '들어 올린 검은 주먹'은 흑인과 세계 시민권에 대

혐오의 모습을 한눈에 보여 주는 사진입니다. "하일, 히틀러!(Heil Hitler, 히틀러를 찬양하라!)"라고 외치며 들어 올린 손은 종교와 정치적 이념, 민족, 그리고 성적 취향이 다른 사람들을 혐오하여 죽음에 이르게 한 히틀러와 그의 생각에 대한 존경의 표시예요. 이는 다른 사람들에게 상처를 주는, 절대로 해서는 안 될 말과 행동입니다.

한 단결, 힘, 저항을 상징하는 오랜 역사를 지니고 있어요. 그런데 백인 우월주의자들은 이 이미지 속 검은 주먹을 흰 주먹으로 바꾸어 유색 인종 혐오 표현으로 사용하고 있죠.

이들은 일상 속 친근한 상징들도 훼손하고 있어요.

'OK'를 뜻하는 손 모양은 일이 잘 진행되고 있음을 보여 주는 아주 오래된 상징이에요. 그런데 지금은 백인 우월주의자들이 유색 인종에 대한 혐오의 상징으로 사용하고 있어요.

개구리 페페는 미국 맷 퓨리(Matt Furie) 작가가 2005년에 발표한 만화《Boy's club》에 등장하는 캐릭터였어요. "Feels good man!(기분 좋아!)"을 외치는 밈으로 많은 사랑을 받았죠. 하지만 페페의 밈은 인종 차별주의자, 테러리스트, 나치즘과 결합되면서 "Feels bad man(슬픈 개구리)"으로 변화했고, 이는 백인 권력의 상징이자, 인종 혐오의 상징이 되었어요.

너무나 쉽게 만날 수 있는 상징들이 누군가에게는 혐오와 마주한 아픈 기억과 고통을 떠오르게 하는 장치가 된 거예요.

백인 우월주의자들이 채택한 상징

## 언어폭력

때때로 사람들은 온라인에서 입에 담지 못할 만큼 심한 말이나 잔인한 말을 합니다. 사이버 괴롭힘은 상대방의 반응을 직접 마주하지 않아도 되고, 자신이 누구인지 드러내지 않아도 되기 때문에 더 쉽게, 오래도록 이어집니다.

사이버 괴롭힘을 낭하는 이들은 자신을 향한 혐오가 사람들 사이로 빠르게 퍼져 나갈 것이라는 불안감, 어디에서나 쉽게 드러날 수 있다는 공포, 여기에서 벗어날 수 없다는 깊은 좌절감을 느껴요.

**알고 있나요?**
2023년 방송 통신 위원회와 한국 지능 정보 사회 진흥원이 11~19세 청소년 9,218명을 대상으로 조사한 결과에 따르면, 청소년의 40.8%가 사이버 폭력을 경험했다고 해요.

또래들이 한 소녀를 비웃고 있습니다. 내가 비웃음을 당하고 있다면,
어떤 기분이 들까요? 괴롭힘도 혐오를 드러내는 모습입니다.

오프라인도 다르지 않습니다. 학교나 종교 시설, 장애 시설 벽에서 혐오를 드러내는 낙서를 본 적이 있나요?

그라피티는 길거리 여기저기 벽면에 글과 그림으로 자신의 생각과 감정을 자유롭게 표현하는 예술의 한 형태입니다. 그러나 특정 집단을 표적으로 삼아 혐오를 드러내는 데 사용된다면 예술이 아니라 누군가를 괴롭히고 위협하는 위험한 낙서가 될 뿐이에요. 이러한 혐오 표현은 많은 이에게 상처를 주고 고통을 느끼게 합니다.

### 물리적 폭력

우리는 피부색 때문에 공격 받는 세상에 살고 있습니다.

유색 인종이 폭력에 희생 당할 확률은 백인보다 훨씬 더 높아요. 실제로 미국에서 흑인이 경찰에게 살해 당하는 사고 건수는 백인의 두 배가 넘습니다. 유색 인종은 언제든 범죄를 일으킬 수 있다는 편견과 선입견이 널리 퍼져 있기 때문이에요.

**알고 있나요?**
한국 문화 관광 연구원의 설문 조사에 따르면 백인들이 느끼는 한국인의 친절도는 70% 이상인 반면, 피부가 검은 편인 동남아시아인들이 느끼는 한국인의 친절도는 40%에 불과했어요.

중국 우한에서 처음 발견된 COVID-19가 전 세계 팬데믹으로 이어진 다음부터 중국을 비롯한 아시아인들에 대한 공격이 잦아졌습니다. 아시아인들은 길에서 모욕 당하고, 폭행 당하고, 오물을 뒤집어썼어요.

팬데믹은 모든 사람의 삶에 큰 혼란을 가져왔습니다. 학교와 상점이 문을 닫았고, 수많은 사람이 일자리를 잃었어요. 수백만 명이 사망했고, 사람들의 관계는 단절되었어요. 공포와 스트레스에 시달리던 사람들은 분노를 쏟아 낼 누군가를 찾기 시작했습니다. 문제 해결에 힘을 쏟기보다 다른 사람을 비난하는 게 훨씬 더 쉽기 때문이었죠.

2020년 흑인 남성 조지 플로이드는 백인 경찰관 데릭 쇼빈에게 살해 당했습니다. 왜 이런 일이 일어났을까요? 이 사건으로 미국 경찰의 과잉 진압과 인종 차별에 대한 항의 시위가 미국을 넘어 전 세계로 퍼져 나갔습니다.

어떤 사람, 국가, 인종도 전 세계적인 팬데믹을 책임질 수 없어요. 책임을 지워서도 안 되죠. 누군가를 해치는 방식으로는 결코 COVID-19의 두려움을 이겨 낼 수 없어요. 더 큰 고통만 불러올 뿐이죠.

'멈춰, 아시아 혐오!' '혐오는 바이러스!' 피켓을 들고 혐오에 맞선 사람들

## 생각해 봅시다

 2009년 7월 성공회대 보노짓 후세인(인도인) 교수는 버스에 올랐다가 30대 한국인 남성에게 혐오 발언을 들었습니다. "냄새 나는 새끼, 아랍인이네." "더러운 놈!" 교수와 함께 버스에 오른 한국인 여성이 항의하자, 30대 남자는 "한국 여자가 왜 깜둥이를 만나냐?"는 등의 모욕적인 말을 내뱉으며 여성에게 폭력을 휘둘렀습니다.

 이 사건을 조사한 경찰은 처음에 후세인 교수의 직업을 믿지 않았을 뿐만 아니라 후세인 교수에게는 반말을, 한국인 남성에게는 존댓말을 사용했어요.

**위의 사건을 보고 생각을 나눠 보세요.**
- 피부색이 다른 외국인을 대하는 한국인들의 이중적인 태도를 느낀 적이 있나요?
- 위 사건을 보고 어떤 생각이 드나요? 자유롭게 이야기 나눠 보세요.

# 혐오는 어떻게 보이고, 들리고, 느껴질까?

사랑의 반대는 혐오가 아니라 무관심입니다. 예술의 반대는 추함이 아니라 무관심입니다. 신앙의 반대는 이단이 아니라 무관심입니다. 그리고 삶의 반대는 죽음이 아니라 무관심입니다.

―엘리 비젤(루마니아 출신 작가이자 1986년 노벨평화상 수상자)

혐오를 떠올리면 어떤 느낌이 드나요? 어떤 말이 들리나요? 어떤 모습이 그려지나요? 혐오는 분노처럼 보일 수 있습니다. 때로는 시끄럽지만 아주 조용할 수도 있어요. 혐오는 온몸이 떨리고 눈물이 날 정도로 공포스럽고 또 아주 많은 스트레스를 줄 수도 있습니다.

이 책에는 10대 아이들이 실제로 마주한 혐오 이야기와 사진, 그림이 담겨 있습니다. 이 이야기들은 혐오의 다양한 모습과 혐오를 마주한 아이들이 겪은 감정을 보여 줄 거예요.

## 인종 혐오

"어느 날, 길을 걷고 있는데 갑자기 한 남자가 나에게 소리쳤어요. '중국으로 돌아가!'
내가 근처 공원으로 걸어가는 동안, 남자는 계속 따라오며 외쳤어요. '내 개를 잡아먹지 말라고!'
내가 달리기 시작하자, 남자도 달렸어요. 계속 소리치면서요. 나는 재빨리 공원을 가로질러 가게로 들어가려고 했지만 그럴 수 없었어요. 달리기 속도가 느려졌고, 심장이 미친 듯이 뛰었거든요. 너무 무서웠어요. 남자는 덩치가 크고 아주 위협적이었죠.

나는 지나가던 아주머니에게 도움을 청했어요. 친척인 척해 달라고 부탁했죠. 아주머니는 기꺼이 도와주셨어요. 내가 엄마에게 전화를 걸도록 해 주었고요. 처음에는 말이 나오지 않았어요. 난 울음을 터뜨리며 이야기를 시작했고 엄마는 당장 나를 데리러 왔어요. 아직도 그날 일을 생각하면 눈물이 나요."

**알고 있나요?**
문화 체육 관광부가 발표한 2024년 '국민 다문화 수용성 조사'에 따르면 대한민국 성인의 다문화 수용성은 50.8점으로 매우 낮아요. 문화다양성의 의미를 알고 있는 국민은 27.3%에 불과하죠.

"나는 항상 집 바로 뒤에 있는 길에서 자전거를 타요. 늘 그래왔어요. 그런데 COVID-19가 발생한 다음부터 나를 대하는 사람들 태도가 달라졌어요. 길을 비켜 주지 않는 건 물론, 갑자기 앞을 가로막아서 브레이크를 잡다가 넘어질 뻔한 적도 있었죠.

하루는 처음 보는 10대 소년이 반대 방향에서 자전거를 타고 오다가 나에게 침을 뱉고는 소리쳤어요.

'COVID-19 바이러스덩어리! 너 때문에 COVID-19가 생겼어! 중국으로 돌아가!'

처음 듣는 말도 아니었어요. 하지만 침까지 뱉는 행동

에 너무 화가 나서 자전거에서 내렸죠.

팬데믹의 한가운데를 지나고 있을 때였어요. 그 아이의 침에 COVID-19 바이러스가 있을지도 모른다는 생각에 걱정이 돼서 서둘러 집으로 돌아와 샤워를 했어요.

중국에 가 본 적도 없는 내가 COVID-19의 원인이라니, 어떻게 그런 생각을 할 수 있죠? 내가 중국인이라는 이유만으로 세계적인 팬데믹을 책임져야 할까요? 그럴 수 있을까요?

요즘은 가끔 사람들에게 나를 한국인으로 소개해요. 팬데믹의 원인이라고 비난 받고 싶지 않아서요. 하지만 그러고 나면 너무 부끄러워져요."

"초등학교 3학년 때부터였어요. 친구들 중에 나를 좋아하지 않는 애가 하나 있었는데 그 애는 항상 나를 놀렸어요. 내 피부가 자기보다 검다는 이유로요. 어느 순간부터 나는 내 피부색을 혐오하기 시작했어요. 피부가 하얗지 않아서 매력도 없고 사랑 받지도 못하는 것 같았죠. 사실이 아니라는 건 알지만, 그 애가 혐오와 무시

**알고 있나요?**
2023년 국가 인권 위원회의 인권 의식 실태 조사에 따르면, '결혼 이주민과 이주 노동자 인권'이 존중되지 않는다고 응답한 사람은 54.3%나 되었어요.

를 담아 했던 말들은 지금까지도 나를 괴롭혀요. 그때도 지금도 나는 피부색 굴욕의 희생자예요."

"주말에 친구들과 대형 쇼핑몰에 갔어요. 매장에 들어서자 직원 둘이 대화를 멈추고 우리를 돌아보너라고요. 처음엔 신경 쓰지 않았죠. 하지만 두 직원은 우리를 따라오기 시작했어요. 정말 화가 났어요. 무슨 일이 일어나고 있는지 바로 알아챘거든요.

난 열세 살 흑인 남자아이고, 세상이 나를 어떻게 보는지 알아요. 사람들은 항상 내가 나쁜 짓을 할 거라고 생각하죠. 내 주머니에 10달러가 있고, 평생 아무것도 훔친 적이 없는데도 말이에요. 나는 돌아서서 직원에게 말했어요.

'난 아무것도 훔치지 않아요, 돈이 있으니까요.'

그러자 한 직원이 나를 똑바로 보면서 말했어요.

'너 같은 검둥이들(Nigger, 흑인을 가리키는 욕설. 극심한 혐오를 담은 인종 차별 언어로, 어쩔 수 없이 써야 할 때는 N-word로 표현함)은 믿지 않아.'

**알고 있나요?**
문화 체육 관광부가 3년마다 실시하는 '한국인의 의식·가치관 조사' 결과에 따르면 '외국인의 인종·국가에 따른 편견이 있다'는 응답은 2019년 62.2%, 2022년 67.4%를 기록했어요.

그 말을 듣는 순간에 느꼈던 고통과 분노를 어떻게 설명해야 할지 모르겠어요.

그 전까지 나는 N-word 뒤에 숨겨진 혐오의 힘을 알지 못했어요. 한 번도 들어본 적 없는 말이었거든요. 지금도 그 사람이 어떻게 그런 말을 할 수 있었는지 도무지 이해할 수 없어요. 참을 수도 없고요. 누구도 이토록 나를 고통스럽게 한 적은 없었어요. 왜 내가 그런 일을 당해야 할까요?"

**알고 있나요?**

2024년 대한민국 통계청 발표에 따르면, 다문화 가구는 41만 가구로 전체 가구 중 10.6%에 이릅니다. 우리나라에 살고 있는 외국인은 265만 명이며, 초·중·고등학교에 다니는 다문화 학생은 19만 3,814명으로 전체 학생 수의 3.8%를 차지하고 있어요.

"친구들과 쇼핑몰에서 즐겁게 놀고 있었는데 갑자기 백인 여자애들이 끼어들었어요.
'우릴 그냥 내버려 둬.'
내가 말하자, 백인 여자애 한 명이 소리쳤어요.
'닥쳐, 검둥이.'
이 말을 듣는 순간 갑자기 눈물이 났어요. 애써 눈물을

참았지만 마음이 너무 아팠고 아주 많이 화가 났어요. 그 단어 뒤에 숨은 증오의 힘을 나는 그때서야 이해할 수 있었어요. 누구도 그런 단어로 불리면 안 돼요.
처음으로 N-word로 불린 그 순간을 나는 절대 잊지 못할 거예요."

"오랜만에 아빠와 함께 공원 수영장에 갔어요. 아이들 몇 명이 어울려 놀고 있었죠. 나는 아이들에게 다가가 같이 놀고 싶다고 했어요. 그런데 아무도 대답하지 않았어요. 조금 더 가까이 다가가서 더 큰 소리로 다시 물었지만 여전히 아무런 답이 없었어요. 그제야 아이들이 나를 무시하고 있다는 걸 깨달았어요. 하지만 나는 다시 한 번 용기를 내서 물었어요. 확실히 하기 위해서요. 그러자 한 아이가 소리쳤어요.
'아니! 흑인이랑은 같이 놀 수 없어. 우리 엄마가 흑인은 친구가 아니라고 했어.'
눈물이 쏟아졌어요. 숨을 쉴 수도, 말을 할 수도 없었어요. 견디기 힘든 굴욕감을 느끼면서 천천히 아빠에게 걸어갔어요. 용감해지려고 노력했지만, 눈물이 멈추지 않았어요. 아빠는 나를 꼭 껴안아 주었어요. 이 일은 피부색 때문에 겪은 내 인생 첫 번째 혐오 사건이었어요."

"어느 날, 교실 칠판에 그려진 ※ 상징을 보았어요. 눈으로 보면서도 믿을 수가 없었죠. 우리 증조할아버지는 홀로코스트(나치가 저지른 유대인 대학살) 생존자셨어요. 항상 나치에게 겪은 공포와 고통, 슬픔을 이야기하셨죠. 나치는 고통과 공포의 상징이에요. 우리 반에서 누가, 왜 이런 그림을 그렸을까요? 이해할 수 없어요. 그 친구는 나치 상징이 나에게 얼마나 큰 상처를 주는지 모르는 것 같아요.

증조할아버지는 작년에 돌아가셨지만, 그 상징을 보고 할아버지가 느끼셨을 아픔과 고통을 느낄 수 있었어요. 이런 식으로 증조할아버지의 고통스러운 삶의 이야기가 잊히고 사라지는 걸 두고보지 않겠어요. 두 번 다시 가만히 있지 않을 거예요."

"중학교 2학년 프랑스어 수업 시간에 일어난 일이에요. 수업을 마치고 선생님이 교실을 나가는데 남자아이 세

명이 일어나더니 나치 경례를 했어요. 선생님이 교탁으로 되돌아오자 한 아이가 외쳤죠.
'하일, 히틀러!'
선생님은 큰 충격을 받은 듯했어요. 선생님은 나이 많은 여성이고 유대인이에요. 나는 나중에야 선생님의 부모님이 홀로코스트 생존자라는 얘기를 들었어요. 나는 그 선생님을 정말 좋아했어요. 아주 훌륭한 선생님이셨

으니까요. 그 아이들 행동에 화가 났고, 고통스러워하는 선생님을 보고 몹시 슬펐어요. 누구도 그런 행동을 해서는 안 돼요."

## 종교 혐오

히잡을 쓴 무슬림을 테러리스트라고 부르는 걸 본 적이 있나요? 이런 생각은 아마도 뉴스와 SNS가 만들어 낸 고정 관념과 편견에서 왔을 거예요. 여러분은 언제 무슬림을 처음 보았나요? 테러 공격에 대한 텔레비전 뉴스가 아니었나요?

지구에는 다른 나라에 살고, 다른 언어를 사용하고, 다른 유형의 전통 의상을 입는 다양한 사람들이 있어요. 무슬림이 모두 테러리스트는 아니랍니다. 모든 무슬림이 똑같다는 생각은 무지와 편견에서 온다는 사실을 알아야 해요.

"금요 기도회에 참석하려고 모스크(이슬람 예배당)에 갔어요. 가족과 함께 밖에서 기다리고 있는데 한 남자가 차를 세우더니 소리쳤어요.

'이 테러범들아! 죽어 버려!'

우리는 모스크 안으로 뛰어들어 갔어요. 너무 두려웠어요. 일주일 전에도 모스크가 공격 당해서 많은 사람들이 죽는 사건이 있었거든요. 엄마는 나를 껴안고 울기만 했어요. 너무 충격을 받아서 말도 제대로 하지 못했죠. 지금도 나는 모스크에 갈 때마다 불안해요.

왜 사람들은 내가 죽기를 바랄까요? 내가 이슬람교를 믿기 때문일까요? 그날 이후로 엄마는 예전 같지 않아요. 늘 조금 슬퍼 보여요. 우리가 왜 이런 고통을 당해야 할까요?"

> **알고 있나요?**
> 한국 이슬람 연구소가 발행한 연구 논문에 따르면, 2024년 7월 말 기준으로 한국에 거주하는 무슬림은 약 31만 명이며, 한국 국적의 무슬림 인구도 약 6만 명이나 되어요.

"히잡을 쓰고 엄마랑 지하철을 타고 가는데 한 남자가 우리에게 다가오더니, 위협적으로 외쳤어요.

'너희 나라로 돌아가!'

그 남자는 더 가까이 다가왔고, 심지어 엄마를 때리려고 했어요. 엄마는 아랍어로 그 남자에게 소리를 질렀고, 다른 사람들에게 도움을 요청했어요. 하지만 아무도 도와주지 않았어요. 우린 보이지 않는 존재가 된 것만 같았죠.

나는 무슬림이고 히잡을 써요. 나는 앞으로도 자부심을 가지고 히잡을 쏠 거예요. 하지만 우리 무슬림들은 언제든 히잡 때문에 표적이 될 수 있어요."

 **생각해 봅시다**

'무슬림 밀집 지역이 되면 치안 불안, 슬럼화된다'
'주택 밀집 지역에 이슬람 사원 건축 절대 용납 불가'
'사람을 잔인하게 죽이고 참수하는 무슬림은 당장 떠나라! 테러리스트들아, 당장!'
'이슬람은 사람을 죽이는 악마 종교다.'
'우리 문화와 동화되지 않는 이슬람, 목숨 걸고 믿느니'

대구 북구 대현동의 무슬림 종교 시설 건축 현장 앞에 붙은 플래카드와 현수막에 적힌 문구입니다.

2020년 12월, 무슬림 유학생들은 구청의 허가를 받아 7년 된 기도처를 사원으로 증축하는 공사를 시작 했어요. 그런데 2021년 2월 16일, 주민들의 반대에 부딪혀 공사가 중지되었어요. 국가 인권 위원회와 구청의 중재로 2021년 12월에 다시 공사가 시작됐지만, 9월에 또다시 공사가 중단되는 등 진통을 겪었어요.

시민들은 공사장 앞에서 잔치를 열고 이슬람교에서 금지하는 돼지고기를 구워 먹는가 하면, 돼지머리를 놓아 두는 등의 혐오 행동을 하며 사원 건축 반대를 외쳤어요.

**이런 갈등은 어디에서 올까요?**

- 무슬림 사원 건축을 둘러싼 시민과 무슬림의 의견 충돌에 대해 어떻게 생각하나요?
- 무슬림 사원을 비롯한 종교 시설에 대해 어떻게 생각하나요?
- 친구들과 자유롭게 이야기 나눠 보세요.

## 외모 비하

왜 사람들은 외모를 평가하는 말을 해도 괜찮다고 생각할까요? 많은 사람이 '살을 빼니까 멋지다, 예쁘다'고 말하는 게 칭찬이라고 생각해요.

"다이어트했구나! 엄청 예뻐졌는데."

"살 빼니까 무지 잘생겨 보여."

이런 말은 몸무게가 많이 나갈 땐 예쁘고 잘생기지 않았다는 뜻인가요?

때때로 사람들은 상대가 얼마나 말랐는지도 이야기해요.

"뼈밖에 없네. 근육이 하나도 없잖아!"

"나도 너처럼 말랐으면 좋겠다."

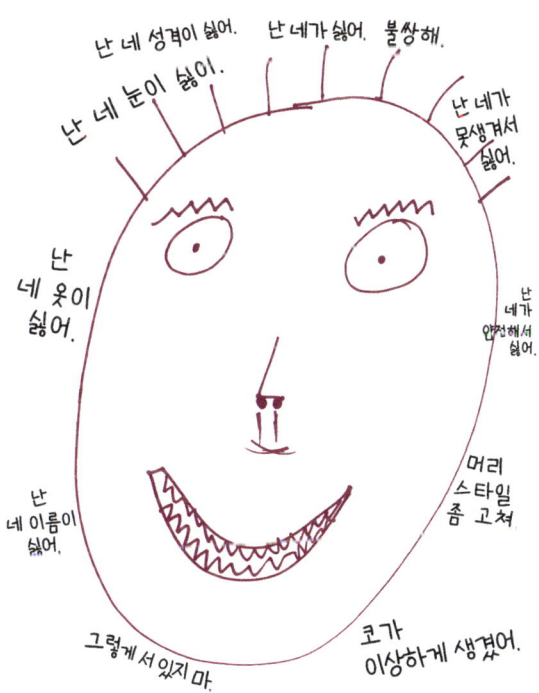

이런 말은 상대의 외모에만 관심을 집중시켜요. 그 사람이 어떤 사람인지와는 상관이 없죠.

외모를 평가하는 말들은 남의 시선을 의식하도록, 외모를 자의식의 기준으로 삼도록 해요. 이건 칭찬이 아니라 모욕이에요. 어린이와 청소년의 자존감과 정신 건강에도 나쁜 영향을 끼쳐요. 사람은 누구나 아름다워요. 누구도 외모만으로 평가되어서는 안 되죠.

"나는 안경을 쓴 통통한 여자아이예요. 괴롭힘은 초등학교 2학년 때부터 5학년 때까지 4년 동안 계속되었어요. 신체적으로 상처를 입힌 건 아니지만, 선생님은 늘 나를 모욕적인 별명으로 불렀고 게임에서 제외시켰어요. 나조차 스스로를 쓸모없는 존재로 느끼도록요. 가장 최악이었던 건 이런 선생님과 친하다고 생각했다는 거예요. 그래서 그 상황에서 벗어날 수 없었어요.

매일 용기를 내려고 노력하지만, 체격이 남들보다 크다는 사실 때문에 부끄럽고 쓸모없다는 생각이 들어요. 남자 친구를 사귈 수도 없을 것 같아요. 사람을 이토록

> **알고 있나요?**
> 2019년 한국 여성 민우회가 중고등학생 1,648명을 대상으로 조사한 결과, '외모에 만족한다'는 응답은 13.7%에 불과했어요. '외모에 만족하지 않는다'고 답한 학생은 43.6%나 되었죠.

힘들고 아프게 하는데 왜 아직도 외모 비하는 계속될까요? 외모에 대한 놀림, 혐오의 말들 때문에 등교를 거부하는 친구들도 있어요. 외모 비하를 당한 상처와 고통은 절대로 잊히지 않고 영원히 남아 있기 때문이죠."

"학교에서 항상 내 친구를 괴롭히던 두 소년이 있었어요. 점심시간마다 우리 근처에 앉아서는 내 친구에게 '못난이 뚱보 돼지'라고 놀렸죠. 다른 심한 말들도 했는데 모두 외모를 비하하는 말이었어요.
그중 한 명은 꼭 내 옆자리에 앉아서 내 친구를 모욕했어요. 위협적인 말도 했고요. 신체적인 폭력은 없었고

> **알고 있나요?**
> 민간 공익 단체 '직장 갑질 119'의 2023년 조사에 따르면, 직장에서 외모 지적을 경험한 여성은 36.3%, 남성은 13.2%였어요. 외모 비하를 경험한 여성은 22.8%, 남성은 17%였죠.

그 상황을 재미있어하는 친구들도 있었지만, 내 친구는 이 모든 말에 상처를 받았어요. 결국 친구는 점심을 거르기 시작했어요.

친구는 자신의 몸이 혐오스럽다고, 스스로를 미워하고 있다고 말했어요. 날씬해지기 전까지는 누구에게도 사랑 받을 수 없을 것 같다고요. 결국 내 친구는 섭식 장애가 생겨서 아주 힘든 시간을 보내야 했어요.

왜 사람들은 내 친구를 있는 그대로의 모습으로 받아들이지 못할까요? 두 소년이 생각 없이 던진 혐오의 말들 때문에 내 친구가 지금까지 고통 받는다는 사실이 너무 화가 나요."

## 장애 혐오

비장애인이 더 뛰어나다는 믿음은 장애인 편견과 차별의 시작입니다. 여기에는 시각, 청각 등의 신체 장애와 정신 장애가 모두 포함돼요. 다운증후군이 있는 친구가 두뇌 대결 쇼에 참가하는 걸 본 적이 있나요? 휠체어를 탄 친구가 농구 팀에 들어오는 걸 거부한 적이 있나요? 시각 장애인은 편의점에서 일할 수 없다는 말을 들은 적이 있나요?

　어떤 사람들은 장애인이 '열등하다'고, 바뀌어야 한다고 믿어요. 그러나 모든 사람은 있는 그대로 충분합니다.

　"나는 근위축증이 있어서 다리를 잘 움직이지 못해요. 하지만 휠체어를 타고 움직일 수 있고 목발도 사용할 수 있어요. 농구를 아주 좋아해서 날마다 체육관에 가곤 했죠. 체육관은 2층에 있어서 목발을 짚고 올라가야 하고, 다른 사람들이 내 휠체어를 옮겨 주어야 했지만 평소에는 아무 문제도 없었어요. 어느 날 체육관에 새로운 감독관이 오기 전까지는요.

내가 체육관에 도착했을 때, 아이들은 농구하려고 팀을 짜고 있었어요. 내가 다가가자 감독관이 말했어요.

'잘못 찾아온 것 같구나. 불구자는 체육관에 오면 안 돼. 다치기라도 하면 내가 아주 곤란해지거든.'

나는 너무 화가 나서 아무 말도 할 수 없었어요. '불구자'라니, 너무 굴욕적이고 고통스러운 말이었어요. 알고 지내던 친구 한 명이 다가왔지만 너무 화가 나서 밀쳐 버렸죠.

나는 체육관 한가운데로 휠체어를 몰고 가서 감독관에게 소리쳤어요.

'지옥에나 가 버려요!'

나는 농구공을 집어 들고 3점 라인에서 슛을 넣은 다음 뒤돌아 나왔어요. 그 후로 다시는 체육관에 가지 않았어요. 두 번 다시 같은 고통을 겪고 싶지 않으니까요."

### 생각해 봅시다

2023년 10월, 휠체어 이용 장애인인 A씨는 5세 아이와 함께 키즈 카페를 찾았습니다.

그런데 키즈 카페는 바닥에 깔아 놓은 카펫이 상할 수 있고, 휠체어에 부딪혀 아이들이 다칠 수 있다며 입장을 막았어요. 아이 혼자 입장할 수도, 휠체어를 탄 부모와 함께 들어갈 수도 없다고 했죠. A씨는 휠체어 바퀴를 깨끗이 닦고 아이들이 다치지 않도록 조심하겠다고 했지만, 키즈 카페는 카페 안에서 휠체어를 이용할 수 없다며 사실상 장애인의 입장을 거부했어요..

#### 이런 차이는 어디에서 올까요?

- 휠체어를 탄 장애인을 만난 적이 있나요?
- 내가 자주 가는 시설 중에 휠체어를 탄 장애인이 함께 갈 수 없는 곳이 있나요? 있다면 이유가 무엇인지 생각해 보세요.

## 동성애 혐오

조금 독특하거나 나와는 다른 특징을 가진 상대에게 "너무 게이 같은데"라고 말한 적이 있나요? 또는 그런 말을 들은 적이 있나요? 왜 그런 표현을 하는지 궁금했던 적이 있나요? 게이(gay)는 '유쾌한, 기쁜, 행복한'이라는 사전적 의미를 가진 단어예요. 그런데 1960년대부터 남성 동성애자를 가리키는 뜻이 추가되었죠.

오늘날 사람들은 무언가 나쁘거나 이상한 걸 보았을 때 "너무 게이 같아"라고 말하곤 합니다. 이 말은 성 소수자에게 소외감과 상처를 주는 표현이에요. 게이가 나쁘거나 이상하다는 뜻이 담겨 있기 때문이죠.

"처음으로 동성애 혐오 표현을 본 날이 생생하게 기억나요. 집에 혼자 있는데 누군가 현관문을 두드렸어요. 문을 열었지만 밖에는 아무도 없었죠. 다시 문을 닫는데 끈적끈적한 노란색 물체가 바닥에 떨어지더라고요. '죽어!'라는 글자와 동성애 혐오 표현이 검은색 마커로 적혀 있었어요.

뭘 어떻게 해야 할지 몰랐어요. 그냥 눈물만 흐르더라고요. 그때 복도 끝에 있는 엘리베이터 문이 닫히면서 낄낄거리는 소리가 들렸어요.

나는 현관문을 닫고 오랫동안 바닥에 주저앉아 있었어요. 참을 수 없는 고통이 느껴졌어요. 난 우리 아파트에 사는 이웃들이 모두 친구라고 생각했어요. 모두 내가 게이라는 걸 알았지만 아무도 놀리지 않았죠.

하지만 그날 일은 나를 완전히 바꿔 놓았어요. 상처는 영원히 아물지 않을 테니까요."

"친구와 주민센터에 간 날이었어요. 한 소년이 격자무늬 바지를 입고 탁구를 치고 있었죠. 친구가 그 애를 보더니 말했어요.

'바지 진짜 게이스럽네.'

나는 너무나 부끄러웠어요. 하지만 그때도 지금도 그 친구는 결코 모를 거예요. 내가 성(性) 정체성으로 힘들어한다는 사실을요. 가장 친한 친구와의 우정을 잃고

> **알고 있나요?**
> 2024년, 청소년 인권 행동 아수나로 부산지부는 청소년 성 소수자의 33%가 교사에게 성 소수자 혐오 발언을 들은 적이 있으며, 71%는 동료 학생에게 혐오 발언을 들은 적이 있다고 발표했어요.

싶지 않아서 난 센터 밖으로 나온 다음에도 솔직하게 말하지 못했어요. 내가 어떤 기분인지, 친구와 나의 생각이 어떻게 다른지 인정하는 게 두려웠어요. 친구가 나를 있는 그대로 받아들이지 않을 것만 같았죠.

바지를 두고 친구가 한 말은 우리 관계를 영원히 바꾸어 놓았어요. 그다음 해에 우리는 다른 반이 되었고 우리 우정은 결코 똑같지 않았어요. 사람들이 '게이'라는 단어를 이상하다는 뜻으로, 나와 다르다는 뜻으로 사용하지 않으면 좋겠어요. 나는 게이이고, 나쁘거나 이상하지 않아요."

### 생각해 봅시다

2017년 9월, 성 소수자 인권 단체는 '퀴어 여성 생활 체육 대회'를 열기 위해 동대문구 체육관을 대관하고 사용 허가를 받았어요. 하지만 10일 뒤에 대관이 취소되었다는 통보를 받았죠. 대관 담당자는 "민원이 들어온다" "왜 성소수자 행사라고 말해 주지 않았냐"며 불편한 기색을 드러냈어요. '퀴어 여성 네트워크' 활동가들은 국가 인권 위원회에 진정을 넣었고, 동대문구 시설 관리 공단과 구청을 상대로 손해 배상을 청구했어요.

1심 재판부는 인권 단체의 손해를 인정하지 않았지만, 항소심 재판부는 대관 허가 취소가 평등의 원칙(헌법 제11조 제1항)에 반한다며 인권 단체 승소 판결을 내렸습니다.

**이런 차이는 어디에서 올까요?**
- 나와 성적 지향이 다르다는 이유로 혐오의 말을 하거나 차별하는 경우에 대해 생각해 봅시다.

### 남녀 갈등과 혐오

2022년 대한민국 젠더(gender) 의식 조사에 따르면 전체 응답자의 66.6%가 '한국 사회 남녀 갈등이 심각하다'고 답했어요. 실제로 온라인 커뮤니티 등에는 남성과 여성이 서로를 혐오하는 표현들이 넘쳐나고 있죠.

이런 갈등은 왜 생길까요? 남녀 인식의 차이, 대한민국 사회에 뿌리 깊이 자리한 성차별적 문화와 관행, 페미니즘에 대한 오해와 편견, 특정 성별에 대한 편견, 혐오를 부추기는 잘

> **알고 있나요?**
>
> 세계 경제 포럼의 2024년 '글로벌 성별 격차 보고서'에 따르면, 우리나라의 성평등 지수는 69.6%로, 146개국 중 94위를 기록했어요. 분야별 순위를 보면 경제 활동 참여 기회 112위, 교육 성취도 100위, 건강·생존 47위, 정치 권한 72위로, 하위권에 머물고 있어요.

못되고 왜곡된 정보 등을 이유로 들 수 있을 거예요.

세상을 살아가는 이들 중 절반은 남성, 절반은 여성이에요. 모두 함께 더불어 살아가는 사회를 위해서는 편을 가르고 상대를 혐오하기 전에 서로를 알아 가고 이해하려고 노력해야 해요.

## 노인 혐오

오늘날 노인 혐오는 가장 심각한 사회 문제 중 하나예요. 온라인 커뮤니티에는 노인 비하, 차별, 혐오 표현이 넘쳐납니다. 노인에 대한 잘못된 인식과 편견이 혐오를 키우고 있어요. 세대 간 단절과 갈등 지수는 최고치를 기록하고 있죠.

온라인에서의 분노는 실생활에까지 이어져, 거리에서 거동이 불편한 노인을 조롱하거나 처음 만난 노인을 무차별 폭행하는 범죄가 일어나기도 합니다.

한국 사회는 이제 경로(敬老) 사회가 아닌 혐로(嫌老) 사회라는 말까지 나오고 있어요.

**알고 있나요?**
2022년 국가 인권 위원회 조사 결과에 따르면 '오프라인 실생활에서 가장 혐오하는 대상'으로 '노인'을 꼽은 응답자는 69.2%로 가장 많았어요.

    2025년 현재 대한민국은 주민등록에 등록된 65세 이상 인구가 전체 인구의 20%를 넘어서는 초고령사회에 들어섰어요. 전문가들은 저출산과 평균 수명의 증가로 2036년에는 한국의 고령 인구가 전체 인구의 30%, 2050년에는 40%에 이를 것이라 보고 있어요. 전 세계 어디에도 없는 최고 수준의 인구 비율 변화죠.

    이러한 시기에 세대를 나누고 나이에 따라 서로를 혐오하는 문화는 사회 구성원 모두에게 상처를 입히고 관계를 파괴할 뿐입니다.

 **생각해 봅시다**

- 서울 마포구의 한 아파트에서 20대 남성이 같은 아파트에 사는 70대 노인을 무차별 폭행하는 사건이 일어났습니다. 단지 눈이 마주쳤다는 이유에서였어요.
- 길에서 폐지를 줍던 77세 노인이 30대 남성에게 무차별 폭행을 당해 크게 다쳤습니다. 둘은 전혀 모르는 사이였어요.
- 서울 지하철역에서 46세 남성이 에스컬레이터를 탄 69세 노인을 이유 없이 폭행하고 밀어 넘어뜨려 뒤통수가 찢어지는 상처를 입혔습니다.
- 의정부 경전철에서 노약자석에 앉아 있던 중학교 1학년생 A군은 자리에서 일어나며 70대 여성의 목을 조르고 바닥에 넘어뜨려 폭행했습니다. 이 영상은 사회 관계망 서비스(SNS)에 올라오며 많은 사람들의 비난을 받았습니다.

65세 이상 노인을 대상으로 하는 범죄 건수는 매년 늘어나고 있어요. 요양원에서 일어나는 노인 학대 사건도 갈수록 증가하고 있죠.

### 이런 일들은 왜 일어나는 걸까요?

- 노인 혐오의 말을 보고 들은 적이 있나요?
- 온라인 커뮤니티에서 노인 혐오 표현을 한 적이 있나요?
- 노인 혐오에 대해 어떻게 생각하나요? 각자의 생각을 나눠 보세요.

# 사회 문화에 깊숙이 자리한 은밀한 혐오

여러분이 다르다고 해서 틀렸다고 생각하지 마세요.

―게일 츠키야마(미국 샌프란시스코 출신 소설가)

이 책에 담긴 이야기를 읽는 동안 어땠나요? 힘들지 않았나요? 고통 받은 이들의 이야기를 읽어 내기는 쉽지 않아요. 누군가 나에게 했던 혐오의 말과 행동이 떠오르기도 하고, 혐오를 마주하며 느꼈던 복잡하고 설명하기 힘든 감정이 생각나기도 할 테니까요.

혐오는 어느 순간 불쑥 찾아와 상처를 남기곤 합니다.

생각 없이 한 말이 누군가에게 고통을 주기도 해요. 이런 경우, 고통을 준 사람은 계속 같은 잘못을 반복할 수 있어요. 자신이 잘못하는지조차 모르는 채로요. 지금 누군가의 말과 행동에 상처를 받고 있다면 상대에게 분명하게 말해야 해요. 그래야 상대도 잘못을 깨닫고 멈출 수 있어요.

우리가 살아가는 세상이 알게 모르게 혐오를 퍼뜨리기도

해요. 누구나 쉽게 접하는 색연필과 크레용에서도 차별과 혐오를 만날 수 있죠.

불과 20년 전까지 한국 사회에서 살구색은 '살색(피부색)'으로 불렸어요. 백인의 피부색이 모든 인종의 피부색을 대표한다는 뜻이었죠. 아이들은 도화지에 그린 사람들 얼굴을 모두 '살색'으로 칠했습니다. 결코 어울리지 않는 '살색'은 하얀 피부에 대한 열망과 함께 다른 피부색을 차별하는 인식을 심어 주었어요.

2005년 대한민국 기술표준원은 인권 위원회의 권고를 받아들여 KS 표준 색상 이름을 살색에서 '살구색'으로 바꾸었어요. 2013년에는 외국의 한 회사에서 사람들의 피부색(people colors) 색연필(12색)과 크레용(24색)을 만들었죠. 위화감 없이 자유롭게 피부색을 표현하고, 자연스럽게 다양성을 받아들이도록 한 거예요.

하지만 다양한 노력들에도 불구하고 차별과 혐오는 우리가 살아가는 사회 문화 곳곳에 깊숙이 자리 잡고 있어요. 너무나 당연하게 자리해 있어 쉽게 눈치챌 수조차 없죠.

기독교 기념일인 '크리스마스'나 불교 기념일인 '부처님 오신 날'이 왜 휴일인지, 왜 다른 종교 기념일은 휴일이 아닌지 생각해 본 적이 있나요? 누군가 종교적인 이유로 결석해야 한다면, 학교와 종교 사이에서 선택해야 한다면 어떤 기분이 들까요?

소외되고 제외될 때 느끼는 감정은 사회적인 차별과 혐오라는 우산 아래에 있어요. 어느 날 누군가 자신이 속해 있던 학교에서 소외되고 제외된다면 어떨까요? 여러분은 어떤 생각이 들까요?

## 인종 이야기

"학교에서 우리 가족과 가계도를 발표하는 시간이 있었어요. 우리 부모님은 소말리아 출신이에요. 나와 여동생은 캐나다에서 태어났고요. 내가 이 설명을 하고 있는데, 뒷자리에서 한 아이가 큰 소리로 물었어요.
'캐나다에서 태어난 거 확실해? 피부가 너무 검은데. 소말리아에서 태어난 거 아냐?'

많은 아이들이 웃었죠. 너무 부끄럽고 화가 났어요. 정말 모욕적이었죠! '근데 넌 어느 나라에서 왔어?'라는 말을 정말 많이 들어요. 캐나다에서 나고 자랐는데도 말이죠. 사람들의 고정 관념이나 기대 때문에 번번이 내가 누구인지 설명해야 한다는 사실이 화가 나요."

"난 스리랑카 사람이에요. 이름은 아카티야예요. 할머니 이름을 따서 지었죠. 난 내 이름이 참 좋아요. 그런데 사람들은 내 이름을 발음하기 힘들어해요. 새 학년이 되고 자기소개를 하는 날, 담임 선생님은 좀처럼 내 이름을 발음하지 못했어요. 다른 이름은 없냐고, 다른 애칭으로 불러도 되냐고 몇 번이나 물으셨죠. 난 너무 부끄럽고 불편해서 울어 버리고 말았어요. 전에는 한 번도 이런 일이 없었거든요.

내가 울음을 그치지 않자 선생님은 나를 상담실로 보냈어요. 난 상담실에 앉아 펑펑 울면서 부르기 편한 다른 이름을 생각했죠.

다음 수업 시간이 되었을 때 난 선생님이 내 이름을 부

> **알고 있나요?**
>
> 국가 인권 위원회가 만 18세 이상 국민 1만 6,148명을 대상으로 실시한 2022년 인권 의식 실태 조사 결과에 따르면, '한국 사회가 이주민에 대해 혐오 또는 차별적 태도를 가지고 있다고 생각한다'고 응답한 비율은 54.1%에 달했어요.

르면 어쩌나, 엉뚱한 이름으로 불러서 아이들이 비웃으면 어쩌나 조마조마했어요. 선생님은 이름이 그 사람에게 얼마나 중요한지 이해하지 못하는 것 같았어요."

"나는 평소에 머리를 땋아서 묶어요. 그러다 며칠 동안 땋은 머리를 풀고 학교에 갔죠. 그런데 수업 시간에 선생님이 다가오더니 물었어요.
'머리가 이렇게 커다래지다니! 만져 봐도 되니?'
나는 당황했고, 몹시 기분이 나빴어요. 왜 사람들은 흑인 소녀들의 머리카락을 만져도 된다고 생각할까요?
이건 신체적 침해라고요!"

"2학년 때 수학 시험을 봤는데, 선생님이 말했어요.
'너무 놀랐어. 한국인들은 모두 수학을 잘하는 줄 알았는데 아니었구나.'
이 말을 들은 다음부터 수학이 너무 부담스러워졌어요. 시험을 볼 때마다 불안한 나머지 화가 나곤 했죠. 이건 정말이지 잘못된 고정 관념이에요."

**알고 있나요?**

통계청이 한국에 체류 중인 외국인 2만 명을 대상으로 실시한 2023년 표본 조사 결과에 따르면, 외국인의 19.7%가 차별 받은 경험이 있다고 응답했어요.

"우리 엄마는 중국계 캐나다인이에요. 엄마는 늘 최고의 음식을 요리하죠. 난 엄마가 싸 주는 도시락을 정말 좋아했어요. 4학년 그 점심시간 전까지는요. 그날 급식실에서 보온병을 열었는데 옆에 앉은 남자애가 소리쳤어요.

'어휴, 이게 무슨 냄새야? 대체 뭘 먹는 거야?'

많은 아이들이 내 쪽을 쳐다봤어요. 맞은편에 앉은 여자애도 말했죠.

'맞아. 네 음식은 이상해. 네가 그런 걸 먹다니 믿을 수 없어.'

난 너무 부끄럽고 당황스러웠어요. 하지만 상처 받았다는 티를 내고 싶지 않아서 아이들과 함께 웃고 말았어요. 나는 그날 점심을 먹지 않고 버렸고 집에 와서는 엄마에게 화를 냈어요.

음식은 우리 가족과 문화에 있어서 아주 중요한 부분이에요. 그런데 이날 아이들이 보여 준 무지와 혐오는 나에게서 이 부분을 빼앗아 갔어요.

나는 지금도 여전히 점심시간에 불안을 느껴요. 음식

때문에 주변 사람들이 나를 어떻게 판단할지 걱정스러워요."

"어느 금요일 오후 쉬는 시간에 친구들에게 말했죠.
'주말에 우리 집에서 놀래?'
그때 한 친구가 말했어요.
'아빠가 그렇게 멀리 데려다주지는 않을 것 같아.'
'너랑 나는 겨우 네 블록 떨어진 곳에 살고 있는데?'
내 말에 친구는 깜짝 놀란 표정이었어요.
'미안. 원주민은 다 보호 구역에서 사는 줄 알았어.'
이날 나는 정말 큰 충격을 받았어요. 2년 동안 꽤 친하게 지냈다고 생각했는데 나에 대해, 우리 문화에 대해 이렇게 무지하다니.
그날 집에 돌아와서 엄청 울었어요. 사람들이 원주민에 대해 잘 모르는 건 괜찮아요. 하지만 친구에게 그런 얘기를 들으니 정말 속상했죠".

## 생각해 봅시다

2024년 3월, 미국인 흑인 여성 A씨는 출장차 한국에 왔다가 한 여성의 지갑을 찾아 주었어요. 하지만 오히려 도둑으로 몰려 멱살을 잡혔고, 경찰까지 출동했죠. 현장에 온 경찰은 A씨가 불법체류자인지부터 확인했어요. A씨는 CCTV 영상을 확인한 다음에야 누명을 벗을 수 있었어요.

A씨는 "흑인이라 인종 차별을 당한 것 같아요. 옆에 흰 아저씨가 있었는데, 여성이 나를 도둑으로 모니까 앞뒤 상황을 알아보려고도 하지 않고 훔쳐 간 지갑을 돌려 주라고 소리치더라고요."라며 씁쓸해했어요.

**이런 차이는 어디에서 올까요?**

- 피부색이 다르고, 다른 언어를 쓴다는 이유로 누군가를 피한 적이 있나요?
- 문화 다양성에 대한 나의 생각은 어떤가요?

## 종교 이야기

"난 여러 다른 배경을 가지고 있어요. 할머니는 폴란드에서 이민 온 유대인이에요. 우리 엄마는 뉴욕에서 태어났고, 아빠는 푸에르토리코 출신이죠. 다문화 가정 자녀인 나는 갈색 피부를 가졌고, 유대교를 믿어요. 뉴욕에서 태어나 브루클린에서 자랐고요.

어느 날 길에서 만난 할머니랑 대화를 나누다가 유대교 성경에 나오는 이디시어 단어를 쓰게 됐어요. 깜짝 놀라는 할머니에게 말했죠.

'저는 유대교예요.'

할머니는 나를 이상한 눈으로 바라봤어요.

'유대교라니, 전혀 이해가 안 되는구나. 네 아빠랑 너는 백인이 아니잖니.'

할머니는 외계인이라도 만난 것 같은 얼굴로 계속 나를 바라봤어요. 내 출생 배경에 불만이 있는 건 아니지만, 이런 고정 관념과 만날 때마다 조금 지쳐요."

"친구들과 쇼핑몰에 가는 버스를 탔어요. 그런데 한 중년 아저씨가 돌아서서 물었죠.

'학생은 왜 히잡을 쓰고 있어? 그 아래에 대체 뭘 숨겨 둔 거야?'

못되게 굴거나 비난하려는 뜻은 없어 보였어요. 정말 내가 히잡 안에 뭔가를 넣어 뒀다고 생각했는지도 모르죠. 나는 그 아저씨를 무시하려고 했지만, 너무 당황스럽고 창피했어요. 사람들 앞에서 반가벗겨진 것만 같았고 당장이라도 사라져 버리고 싶었어요. 왜 사람들은 내게 옷차림에 대해 물어봐도 괜찮다고 생각할까요?"

## 외모 이야기

"나는 통통한 아기로 태어났고 지금도 여전히 통통해요. 하지만 엄마와 여동생은 모델처럼 말랐죠. 사람들은 항상 나에게 살을 빼라고 했어요. 나는 있는 그대로의 내 모습이 좋은데도 말이죠.

어느 날, 이모랑 청바지를 사러 갔어요. 마음에 드는 청바지를 입어 봤을 때 이모가 말했죠.

'이건 풍풍한 아이들이 입는 청바지야. 너는 얼굴이 예뻐서 살을 조금만 빼면 더 아름다워질 수 있어. 스키니 진도 잘 어울릴걸.'

너무 속상하고 창피했어요. 조금 전까지 정말 마음에 들던 바지였는데, 당장 벗어 버리고만 싶었죠. 이모는 좋은 뜻에서 한 말이었지만 나는 초콜릿 케이크를 먹으면서 울기만 했어요. 왜 이모는 있는 그대로의 나를 사랑하지 못했을까요?"

**알고 있나요?**

2020년 성인 남녀 1,500명을 대상으로 실시한 '외모와 성형 수술에 관한 인식 조사'에서 인생이나 운명에서 외모가 중요하다'고 답한 사람은 89%나 되었어요.

## 동성애 이야기

"새로운 학교에서 7학년이 시작되는 날이었어요. 드디어 진짜 내가 되어 이곳에 있다는 사실에 신이 났죠. 담임 선생님이 출석을 부르기 시작했어요.

'에밀리!'

아무도 대답하지 않자 선생님은 다시 불렀어요.

'에밀리 크로포드!'

나는 거의 숨을 쉴 수가 없었어요. 옆에 있던 누군가가 물었어요.

'네 성이 크로포드 아니야?'

나는 울면서 교실에서 뛰쳐나왔어요. 난 새로운 학교에서 새로 시작하고 싶었어요. 하지만 모두가 예전의 내 이름을 알게 됐으니 또다시 편견의 시선을 느껴야 할 터였죠. 나는 엄마에게 전화를 걸었고 엄마는 학교에 전화했어요. 엄마는 내 이름이 테오라고, 내 이름을 테오로 바꿔 달라고 말했어요. 하지만 행정실 직원은 다시 나에게 물었어요.

'그래서 네 진짜 이름은 뭐니?'

난 집으로 돌아왔고 다시는 그 학교로 돌아가지 않았어요. 나는 다시 전학을 가서 테오라는 이름으로 시작했어요. 지지해 주는 엄마가 있어서 난 아주 운이 좋아요. 덕분에 나는 이 여행에서 살아남을 수 있었죠. 하지만 다른 트랜스젠더 아이들은 나만큼 운이 좋지 않아요. 어떤 아이들은 살아남지 못해요."

**알고 있나요?**
성 소수자 인권 단체 다움이 공개한 2022년 '청년 성 소수자 사회적 욕구 및 실태 조사' 보고서에 따르면 트랜스젠더의 차별 경험은 69.6%에 달하는 것으로 나타났어요. 최근 1년 동안 극단적인 선택을 시도한 사람은 33%나 되었어요.

# 5장

## 왜 행동해야 할까?

사람이나 문화에서 무언가를 배울 때, 이를 선물로 받아들이고 보존하고 발전시키는 것은 여러분의 책임이자 의무입니다.

―요요 마(중국계 미국인 첼로리스트)

우리는 세상에서 점점 더 많은 혐오와 마주합니다. 인종, 종교, 문화, 피부색, 성(性) 정체성, 장애 또는 외모가 다르다는 이유로 차별과 혐오의 태도를 보이는 사람들 때문에 많은 이들이 고통 받고 있어요. 혐오를 멈추기 위해 우리는 어떻게 해야 할까요? 무엇을 할 수 있을까요?

가장 중요한 시작은 자신의 편견을 아는 것입니다. 편견은 자신과 비슷한 사람과 다른 사람을 차별하고 편을 가를 때 드러나요.

우리는 너무 쉽게 사람들을 편 가르기 합니다. '우리 편' 대 '남의 편'으로 말이죠. 편 가르기는 결빈의 사람들을 하나로 모으고 안전함과 소속감을 제공해요. 하지만 다른 한편으로 상대에 대한 혐오를 낳기도 합니다.

올림픽이나 월드컵과 같은 국제 대회를 떠올려 보세요. 이때는 선수들의 고향이 어디이고, 종교가 무엇인지, 피부색이 어떤지는 중요하지 않아요. 가슴에 태극 마크를 단 선수들이 우리나라를 대표해 뛰고 있다는 사실만이 중요하죠. 우리나라 선수들이 경기에서 승리하고, 태극기가 가장 높은 곳에 걸리고 애국가가 울려 퍼질 때, 우리 마음엔 자랑스러움과 기쁨이 차오릅니다. 선수들이 우리를 위해 이겼다고 느끼기 때문이에요.

국가 대항전에서 우리는 결코 상대 국가를 응원하지 않습니다. 한국과 일본의 축구 경기에서 한국인은 한국 팀을, 일본인은 일본 팀을 응원하기 마련이에요. 하지만 국내 리그라면, 그 팀이 어느 지역을 기반으로 하느냐(연고지)에 따라 응원하는 팀이 달라지곤 합니다.

스포츠에서는 이런 편 가르기가 재미일 수 있어요. 세계 무대에서는 우리나라에 대한 강한 소속감을, 국내 경기에서는 우리 지역에 대한 강한 소속감을 느끼게 하는 긍정적인 효과도 있죠.

하지만 '우리 편'과 '남의 편'을 나누는 기준이 사람들의 개성이라면 문제가 달라집니다. 어느 지역에서 태어났고, 어떤 학교를 졸업했으며, 성별은 무엇이고, 어떻게 생겼는지, 어떤 종교를 가졌는지, 성(性) 정체성은 어떤지와 같은 개인의 성향으로 편을 가를 때 편견과 선입견이 생겨날 수 있어요. 이는 다시 지역 갈등, 남녀 차별, 종교 갈등, 성 소수자와 트랜스젠더를 향한 반감과 혐오로 이어질 수 있죠.

편견과 선입견에서 시작되는 혐오는 우리가 생각하지 못하는 사이에도 모습을 드러냅니다. 미디어와 책, 가족이나 친구 사이의 대화, 그 밖에도 우리 사회 문화 곳곳에서 알게 모르게 드러나기 때문입니다.

누군가를 알기도 전에 그 사람을 평가하고 판단하나요? 누군가와 친해진 다음 "넌 내가 처음에 생각했던 것과 너무 달라"라고 말한 적이 있나요? 영화나 만화에서 처음 본 캐릭터를 피부색이나 생김새 때문에 '악당'이라고 생각한 적이 있나요? 몸집이 큰 사람을 보며 게으르고, 건강하지 않고, 보기 싫다고 생각한 적이 있나요?

'한국 사람은 마늘을 좋아한다' '중국인은 더럽다' '무슬림은 테러리스트다'와 같은 말은 어떤가요? 이런 단정적인 말들은 개인의 이야기, 성격, 취향을 담지 못해요. 편견과 선입견을 낳을 뿐이죠.

우리 모두는 자신의 이야기를 하고 또 나눌 권리가 있어요. 이야기를 나눌 때 우리는 각자를 독특하게 만드는 개성이 무엇인지 알고 이해할 수 있죠.

 **생각해 봅시다**

2017년, 서울시 강서구의 한 초등학교 강당에서 발달 장애 아이를 둔 학부모들이 무릎을 꿇었어요.

특수 학교 설립 계획에 지역 주민들이 거세게 반대했기 때문이에요. 주민들은 특수 학교와 같은 혐오 시설이 들어오면, 치안이 엉망이 되고 집값이 떨어진다는 이유를 들었어요.

장애 학생의 학부모들은 제발 특수 학교를 짓게 해 달라고, 우리 아이들이 가까운 학교에 다닐 수 있도록 도와 달라고 눈물을 흘리며 호소했어요.

주민들의 반대로 5년 동안 시간을 끌던 공사는 2018년 8월에야 어렵게 시작되었어요. 그리고 2020년 3월, 마침내 서울서진학교가 문을 열었습니다.

2025년 기준으로 서울시에는 32개 특수 학교가 있어요. 4,500여 명의 학생을 수용할 수 있죠. 하지만 이는 서울시에 사는 전체 장애 학생의 절반도 되지 않는 인원이에요. 특수 학교를 다니고 싶어도 그럴 수 없는 경우가 너무나 많은 이유죠. 어렵게 특수 학교에 입학한 학생들도 거리가 멀어서 한두 시간씩 차를 타고 등교하는 경우가 많아요.

지방은 사정이 더 좋지 않죠.

서울시 교육청은 2040년까지 특수 학교를 9곳 더 짓고 장애 학생 수용률을 60%까지 늘리겠다고 했지만, 지역 주민들의 반대로 부지 선정부터 건설까지 어려움을 겪고 있어요.

**이런 생각의 차이는 어디에서 올까요?**

- 주변에서 특수 학교, 장애인 시설을 본 적이 있나요?
- 특수 학교 건설이나 증축을 반대하는 현수막이나 시위를 본 일이 있나요?
- 장애인 관련 시설에 대한 생각을 나눠 보세요.

**한 걸음 더!**

- 영화 <학교 가는 길>(2021)은 서진학교 설립을 둘러싸고 학부모와 지역 주민 사이에 있었던 갈등을 그리고 있어요. 함께 보고 이야기 나눠 보세요.

# 6장

# 혐오에 맞서려면

혐오는 세상에 수많은 문제를 일으켰지만 그 문제들은 아직 하나도 해결되지 않았습니다.

— **마야 앤젤루**(미국의 시인이자 소설가, 배우, 인권 운동가)

## 기억하세요!

　혐오를 당했던 느낌과 감정을 다시 떠올리고 싶어 하는 사람은 없을 거예요. 하지만 아이들은 자신의 이야기가 누군가를 도울 수 있다는 믿음으로 용기를 냈고, 기꺼이 목소리를 들려주었습니다. 이야기를 함께 나누는 일이 상처와 고통을 이해하는 데 얼마나 강력한 힘을 발휘하는지 우리 모두가 알기 때문이에요.

　우리가 이 책에서 꼭 기억해야 할 것은 '혐오가 어떻게 사람들을 공격하는가'입니다. 혐오는 두려움과 분노, 슬픔 같은 복잡한 감정에서 시작되어 다른 사람들에게 같은 감정을 불러일으켜요. 결국 혐오는 서로를 더욱 외롭고 힘들게 만들 뿐이죠. 우리가 혐오에 맞설 수 있는 유일한 방법은 서로의 차이점과 공통점을 더 잘 이해하고 존중하는 것입니다.

누군가는 질문할지도 몰라요.

"난 혐오와 아무런 상관이 없는데 왜 혐오에 맞서야 하나요? 왜 관심을 가지고 끼어들어야 하죠?"

이 질문에 대한 답은 '혐오는 누구에게나 언제든 일어날 수 있는 일이기 때문'이라는 거예요. 오늘 내가 혐오에 맞서지 않는다면 내일 누가 여러분을 위해 일어설까요?

혐오로 인한 고통과 괴로움을 멈추는 일은 이 세상을 살아

**알고 있나요?**

강원도 양양군 하조대 해수욕장에는 중증 장애인들을 위한 숙박 시설 '하조대 희망들'이 들어설 예정이었어요. 건축 협의를 마치고 국가 예산도 지원 받았지만, 주민들의 거센 반대로 결국 건축 허가가 취소되었어요.

가야 할 우리 모두의 책임입니다. 못 본 척, 못 들은 척, 모르는 척 혐오를 방관하는 건 더 이상 의미가 없어요. 책임감 있는 민주 시민으로서 우리는 모든 형태의 혐오와 공격에 맞서야 합니다. 이제 분명히 외쳐야 할 때입니다.

"멈춰, 그건 혐오야!"


### 주의하세요!

때로는 불안하고 확신이 서지 않을 수 있어요. 다칠지도 모른다는 생각이 들거나 두려움이 느껴진다면 어른에게 도움을 요청해야 합니다.

절대로 위험한 상황에 놓여서는 안 돼요.

하지만 위험한 상황이 아니고 혐오 당하는 사람을 도울 수 있다면, 그들을 위해 맞서야 합니다. 여러분 또한 누군가 여러분을 위해 맞서기를 바라기 때문입니다.

## 혐오에 맞서는 다섯 가지 힘

**1. 배움과 존중의 힘**

혐오에 맞서는 가장 바람직한 힘은 배움입니다. 나와 다른 인종과 종교, 언어, 문화, 커뮤니티를 가진 사람들이 어떤 생각을 하고 어떻게 세상을 보고 느끼는지 배우고 알아 가세요.

우리는 우리 자신의 관점으로만 세상을 봅니다. 다른 사람들이 우리와 다른 경험을 하며 살고 있다는 사실을 이해하기 어려워하죠. 때때로 우리는 이해하지 못하는 대상에게 두려움을 느끼기도 합니다. 온라인 커뮤니티나 가까운 친구, 가족에게서 들은 말로만 상황을 판단하고 의견을 형성하기도 해요.

우리는 누구나 자신의 감정, 의견, 신념을 존중 받기를 원해요. 그만큼 나와 다른 사람의 차이를 인정하고 받아들일 의무가 있다는 사실은 까맣게 잊어버린 채로요. 다른 사람들에 대해 추측하기보다는 긍정적인 호기심을 가지고 다가가세요. 배움은 이 사회에서 혐오를 멈추는 가장 막강한 힘입니다.

> **이럴 땐 어떻게 해야 할까요?**
> 같은 반에 휠체어를 이용하는 친구가 있어요. 이 친구가 체육 수업뿐만 아니라 학급 행사에서도 제외되고 있다면 어떻게 해야 할까요?

## 2. 목소리의 힘

성별, 인종, 종교, 나이 등을 이유로 차별하고 혐오하는 표현을 만나면 목소리를 높이세요. 상대가 농담이라고 우겨도 침묵하지 마세요. 사람을 놀리는 농담은 상처를 주는 혐오스럽고 불쾌한 말이고 알려 주세요.

안전하지 않다는 생각이 든다면 어른이나 도움을 줄 수 있는 사람에게 말하세요. 나서야 할 때인지 신중해야 할 때인지를 판단하고 행동하세요. 불의와 혐오에 맞서 목소리를 높이면 상대방을 도울 뿐만 아니라 세상을 변화시키는 데 힘을 보탤 수 있습니다.

혐오를 당한 누군가와 친구가 되어 줄 수도 있어요. 누군가 심한 별명으로 불리며 고통 받고 있다면 다가가 이야기를 나눌 수 있습니다. 다른 곳으로 가자고 얘기하거나 이야기의 흐름을 긍정적인 방향으로 바꿔 대화를 나눌 수도 있습니다. 중요한 건 상처를 주는 사람들의 영향에서 벗어나도록 돕는 일이에요. 단, 이런 행동은 그렇게 해도 될 만큼 안전하다고 판단될 때만 해야 합니다.

### 3. 도움의 힘

무언가를 배우는 가장 좋은 방법은 질문하고 도움을 청하는 거예요.

**이럴 땐 어떻게 해야 할까요?**
지하철에서 히잡을 쓴 여성을 뚫어지게 쳐다보는 사람을 본 적이 있나요? 히잡을 쓴 소녀를 놀리는 학생들을 본 적이 있나요? 이럴 땐 어떻게 해야 할까요?

혐오를 마주하고 있다면 도움을 요청하세요. 여러분은 학교와 지역 사회에서 안전하게 보호 받으며 성장해야 할 존재입니다. 출신 배경이나 외모, 특성을 이유로 여러분을 위협하거나 부끄럽게 만드는 누군가가 있다면 친구, 교사, 부모, 보호자 또는 믿을 수 있는 어른에게 도움을 요청하세요. 주변에는 여러분을 지원하고 또 여러분을 위해 나서 줄 사람들이 많이 있습니다.

### 4. 협력의 힘

혐오를 멈추고 변화를 일으키려면 서로 협력해야 해요.

여러분은 혼자가 아닙니다. 우리 주변에는 여러분이 만들어 갈 변화를 지지하는 사람들이 많아요. 학교와 사회는 혐오를 멈출 힘이 있습니다. 뜻을 함께하는 사람들을 찾으세요. 힘을 합치면 목소리도 커지고 목소리에 더 큰 힘이 실립니다.

### 5. 편견에 도전하는 힘

편견에 도전한다는 건 내가 다른 사람에게 갖고 있는 생각에 도전한다는 뜻입니다. 누군가를 만났을 때 첫인상으로 상대를 판단하나요? 다른 피부색, 다른 종교를 가진 사람에게 선입견을 갖고 있나요? 첫인상을 무시하고 상대를 대하며 또 알아 가고 있나요?

　누군가에게 상처를 입힌 사람이 바로 자신이라는 사실을 인정하고 받아들이기는 매우 어렵습니다. 내가 누군가를 혐오하고 상처 주고 있는 건 아닌지, 자신을 되돌아보세요. 혐오가 어디서 생겨났는지, 왜 상대에게 혐오의 감정을 느끼는지 알아내야 해요.

　믿을 수 있는 어른에게 자신의 감정을 털어놓으세요. 어른은 여러분의 분노와 두려움이 어디에서 왔는지, 이 감정을 어떻게 대해야 하는지 알아 가는 데 도움을 줄 것입니다.

**이럴 땐 어떻게 해야 할까요?**
가장 친한 친구가 혼혈아라고 놀림을 받았습니다. 이럴 땐 어떻게 해야 할까요?

> **이럴 땐 어떻게 해야 할까요?**
> 도시락 때문에 놀림을 받고 상처 받은 친구를 도와주겠다고 했는데 거절 당했습니다. 이럴 땐 어떻게 해야 할까요?

　자신이 가진 편견에 도전하는 건 자신의 특권을 알고 이해한다는 뜻이기도 합니다. 특권은 사람들이 사회에서 누리는 이점과 혜택을 말해요.

　권력과 재산을 많이 가진 사람, 교육을 더 많이 받은 사람, 더 많은 기회를 가진 사람은 특권을 가지고 있습니다. 백인, 남성, 건강한 사람, 이성애자, 마른 사람이 특권을 가지고 있죠.

　특권을 갖는다는 건 힘이 있다는 뜻이에요. 그러므로 자신이 가진 특권을 긍정적으로 사용하는 것이 중요합니다.

## 혐오에 맞설 때 일어날 수 있는 일

"내 친구들은 아주 유쾌해요. 우리는 늘 농담을 하고 함께 웃죠. 어느 날 점심을 먹으러 나갔는데 친구 한 명이 아시아인에 대한 인종 차별의 말을 했어요. 모두가 크게 웃었죠. 하지만 난 웃지 않았어요. 하나도 웃기지 않았거든요. 하루 종일 그 말이 머릿속을 맴돌았어요.

나중에 그 친구한테 전화해서 인종 차별은 농담거리가 될 수 없다고, 그런 말은 누군가에게 상처를 줄 수 있다고 말했어요. 친구는 별말 하지 않았지만, 다음부터는 한 번도 그런 말을 하지 않았어요."

**알고 있나요?**
전교조 성평등특위에 따르면 성 소수자 교사 73%가 학교에서 차별, 혐오 표현을 들은 것으로 나타났습니다. 강제적인 아웃팅, 성희롱을 경험했다는 응답도 있었어요.

> **알고 있나요?**
> 우리나라 헌법의 차별 금지 조항에는 인종 차별에 대한 규정이 빠져 있어요. 유엔 등은 시정을 권고하고 있지만, 인종 차별과 혐오에 대한 형사 처벌 규정은 아직까지 만들어지지 않고 있어요.

"나는 굉장히 외향적이에요. 중학교 1학년 신입생 환영회 날, 전교생 앞에서 노래를 부를 정도로요. 모두들 내가 걱정 없이 밝은 사람이라고 생각하죠. 하지만 난 진실을 숨기고 있었어요. 여성으로 태어났지만, 스스로를 남성이라고 생각해 왔거든요. 진심으로 늘 그렇게 느꼈어요.

사람들이 트랜스젠더에 대해 뭐라고 하는지 알아요. 어떻게 괴롭힘을 당하고 놀림을 받는지도 알아요. 트랜스젠더를 비하하거나 혐오하는 말을 들을 땐 나도 모르게 움츠러들곤 하죠. 그래서 누구에게도 비밀을 알리고 싶지 않았어요. 친구들이 나를 외면할까 봐, 혼자가 될까 봐 두려웠어요.

중학교 2학년 때, 여성에서 남성으로 전환 중인 학생들을 만났어요. 그들 역시 두려움과 혼란, 외로움을 겪고 있었어요. 다르게 옷을 입기 시작하고 다른 이름을 가지게 되었다는 이유로 괴롭힘을 당하고 놀림을 받고 있었죠. 나는 나 자신뿐만 아니라 같은 일을 겪고 있는 다른 사람들, 또 내 친구들을 위해 목소리를 내야 한다고 생각했어요. 그래서 전교생이 참석한 성 소수자 인권을 위한 집회에서 앞에 나가 새로 선택한 이름으로 자기소개를 했어요. 그리고 나는 나를 남성으로 생각하며, 전환 중이라고, 하지만 완전히 전환되지는 않았다고 설명했어요. 또 트랜스젠더들이 마주하고 있는 위험에 대해 이야기했어요. 그리고 이해와 수용을 바란다고 말했죠. 학생들과 선생님들은 기립 박수를 보내 주었어요. 내가 있는 그대로의 나로 인정받고 받아들여졌다는 사실이 놀라웠어요."

> **알고 있나요?**
> 2024년 학교 폭력 실태 조사에 따르면, 집단따돌림, 언어폭력, 사이버 폭력 등은 지난 3년간 꾸준히 증가했어요.

"우리 반에 따돌림을 당하는 여자애가 있었어요. 이유는 알 수 없었지만 다른 아이들처럼 나도 그냥 그 애를 무시했어요. 그 애는 그룹 활동에서 항상 가장 늦게 선택 받았고 아예 빠지기도 했어요. 늘 너무 슬퍼 보였죠. 나는 용기를 내기로 했어요. 짝꿍을 선택하는 날, 그 애한테 다가가서 내 짝이 되고 싶은지 물었어요. 그 애는 정말 행복한 표정으로 활짝 웃었어요. 그 애와 짝꿍으로 지내면서 정말 많이 웃었던 기억이 나요. 다른 친구들에게 그 애가 얼마나 좋은 친구인지 말했고, 쉬는 시간에는 다같이 어울려 놀기도 했어요. 그 애는 훨씬 더 행복해 보였죠. 우리가 더 일찍 친구가 되지 않은 게 믿기지 않았어요."

 **생각해 봅시다**

　우리는 일상생활에서 너무나 쉽게 장애 혐오 표현들을 씁니다. 장애는 불편할 뿐인데, 마치 불행처럼 비하하는 표현을 쓰거나 장애를 뜻하는 단어를 결합해서 상대를 비하하고 놀리는 신조어를 만들어 내기도 해요.

　누군가에게 상처를 주는 장애 혐오 표현은 절대로 하지 말아야 합니다. 순화된 표현을 하더라도 신중하게 생각하며 말해야 해요.

| 혐오 표현 | 순화 표현 |
| --- | --- |
| 절름발이 | 지체 장애 |
| 외눈 / 짝눈 | 시각 장애 |
| 벙어리장갑 | 엄지장갑, 손모아장갑 |
| 결정장애 | 우유부단 |
| 장애를 앓다 | 장애가 있다 |
| 꿀 먹은 벙어리 | 벙어리는 청각 장애인으로 순화 |

| | |
|---|---|
| 정상인/장애인 | 비장애인/장애인 |
| 애자 | 장애인 |
| 젠신병자 | 트랜스젠더 |
| 셀카고자 | 자가 촬영을 잘 못 하는 사람 |
| 병신크리 / 병크 | 바보짓 |
| 틀딱 | 노인 / 어르신 |

### 이런 차이는 어디에서 올까요?

- 자주 쓰이는 또 다른 혐오 표현에는 어떤 것이 있나요?
- 순화된 표현은 무엇일까요?

# 혐오와 마주하기

우리의 가장 큰 영광은 결코 넘어지지 않는 것이 아니라,
넘어질 때마다 다시 일어서는 데 있다.

—공자(중국 철학자)

## 두려움에 맞서 용기를 내세요

우리는 어떻게 배울 수 있을까요?

공통점과 차이점에서 무언가를 배우려면 어떻게 해야 할까요?

주변 사람들 사이에서 무엇이 다르고 무엇이 같은지 귀를 기울이고 관심을 가지세요. 그러지 않는다면 누군가를 알아가고, 우정을 쌓고, 더 깊이 이해하고 존중할 수 있는 소중한 기회를 놓칠 수 있습니다.

만나는 모든 사람과 친구가 되어야 한다는 말이 아닙니다. 보고 듣고 느끼는 것만으로 성급하게 상대를 판단하거나 '쟤는 이런 사람'이라고 단정 짓지 말라는 뜻입니다.

가족, 종교, 학교, 친구 또는 사회 어디에서든 소속감은 꼭 필요해요. 누군가와 연결되어 있다는 사실은 신체, 정서, 정신 건강에도 중요한 영향을 미치죠.

하지만 편 가르기로 빠져든다면 서로의 다름을 존중하지 않고 고정 관념에 빠질 수 있어요. 이는 편견을 키우고 결국 혐오로 이어질 수 있죠.

우리는 혐오를 경험한 10대들의 실제 이야기를 통해 혐오가 사람들에게 어떤 영향을 미쳤는지 보았어요. 우리 사회와 학교에서 날마다 더 강력한 모습의 혐오를 마주하는 지금, 혐오에 맞설 수 있는 가장 강력한 힘은 바로 배움과 존중입니다. 우리가 서로의 다름을 알고 이해하고 존중하는 것만이 바로 혐오를 없애는 길이에요.

혐오의 원동력 중 하나는 잘 알지 못하는 낯선 것에 대한 두려움이에요. 사람들은 두려움을 이겨 내기보다 혐오하는 편을 선택합니다. 그 편이 더 쉽기 때문이죠.

무엇을 두려워하는지 깨닫는 건 두려움을 이겨 내는 첫 단계입니다. 두려움의 원천인 낯섦과 다름을 알고 넘어서면 공통점을 찾을 수 있어요. 용기를 내세요. 두려움을 이겨 낼 때

여러분은 훨씬 따듯한 사람이 될 수 있습니다.

혐오에 맞서 두려움을 이겨 내고 용감해지세요. 언젠가는 또 다른 누군가가 여러분을 위해 용기를 낼 테니까요. 여러분의 목소리와 행동은 학교와 사회, 그리고 미래에 긍정적인 변화를 가져올 수 있어요. 큰 변화는 작은 움직임에서 시작되니까요.

## 도움을 요청하세요

혐오를 당하고 있다면 이 이야기를 읽기 매우 힘들었을 거예요. 어떤 내용은 고통스러운 기억을 떠오르게 했을지도 몰라요. 상대가 일부러 그런 건 아니라고, 별일 아니었다고 참아 넘긴 일이 상처로 남았다는 사실을 깨달았을 수도 있어요.

혐오 피해를 입었다고 털어놓으면 가족과 친구들은 용감해지라고, 다른 사람이 뭐라고 하든 무시하라고 말하곤 합니다. 이는 가장 안전하고 편안한 선택일 수 있어요. 하지만 어떤 경우든 마음에는 오랫동안 깊은 상처가 남아요.

혐오 피해를 당하고 있다면 가능한 한 도움이나 상담을 받으세요. 먼저 모든 게 내 잘못이 아니며 내가 잘못하지 않았다는 사실을 알아야 합니다.

당장 믿을 수 있는 어른과 이야기하고 트라우마를 극복하는 데 필요한 지원을 받으세요. 어른에게 털어놓는 것만으로도 혐오가 계속되는 걸 막을 수 있습니다.

믿을 수 있는 어른이 없다면, 다른 방법으로 도움을 요청할 수 있어요.

우리나라의 경우, '청소년 1388(만 9~24세 청소년과 부모 대상)'에 전화하거나 지역 곳곳에 위치한 위(Wee) 센터에 전화할 수 있어요. 위 센터 홈페이지(wee.go.kr)에는 각 지역별 센터 전화번호가 안내되어 있습니다. 각 학교에 마련된 상담 센터 위클래스를 방문하여 상담 교사에게 도움을 요청하거나 지역 아동청소년 정신건강 복지센터를 찾아갈 수도 있어요.

이곳에서는 무료로 전문 교육을 받은 상담사들에게 전문적인 상담을 받을 수 있어요. 비밀 보장이 원칙이므로 개인 정보가 알려져서 다시 피해를 받지 않을까 걱정하며 망설이지 않아도 됩니다.

혐오를 당한 경험은 트라우마로 남아요. 가장 중요한 일은 자신을 위한 지원을 받고 스스로를 안전하게 지키는 거예요.

## 이렇게 행동하세요

### 혐오를 당했다면
- 침착함을 유지하세요.
- 상대에게 멈추라고 말하세요. 이미 안전하다면 더 이상 아무 말도 하지 마세요.
- 물러나세요. 도망쳐야 한다면, 달리세요!
- 믿을 수 있는 어른(교사, 코치, 부모, 상담사 등)에게 말하세요.
- 안전하지 않다고 느껴지는 곳에는 가지 마세요.
- 같이 있으면 기분이 좋아지는 사람들과 시간을 보내세요.
- 자신을 기분 나쁘게 대하는 사람과의 관계를 끊거나 피하세요.
- 화를 내며 대응하지 마세요. 상황을 더 악화시킬 수 있고, 오히려 여러분이 상처를 주는 사람이 될 수 있습니다.

- 온라인에서 벌어진 상황이라면, 스크린샷을 찍고 계정을 삭제한 다음 믿을 수 있는 어른에게 알리세요.
- 온라인 댓글에 응답하지 마세요.
- 이야기할 사람이 없다면 '청소년 1388'로 전화하세요.

### 혐오 피해를 목격했다면
- 무시하고 지나치지 마세요.
- 상황을 멈추기 위해 손이 아닌 목소리로 표현하세요.
- 혐오 피해를 당하는 사람 옆에 서서 도와주세요.
- 안전을 위해 그 자리에서 벗어날 필요도 있습니다.
- 이야기할 사람이 없다면 '청소년 1388'로 전화하세요.

### 혐오 표현을 하고 있다면
- 누군가 나에게 똑같은 일을 한다면 어떤 기분일지 생각하세요.
- 혐오를 당하는 상대의 감정을 생각해 보세요.
- 혐오 표현을 하는 이유와 자신이 가진 편견에 대해 생각해 보세요.

- 지금 왜 화가 났는지 자신 안에서 이유를 찾아보세요. 지금의 분노는 상대와 아무 관련이 없을 수 있습니다.
- 믿을 수 있는 어른이나 '청소년 1388'에 도움을 요청하세요.

## 혐오 범죄 통계

ODIHR(Office for Democratic Institutions and Human Rights)은 여러 국가의 혐오 범죄를 취합하여 매년 보고서를 발표하고 있어요. ODIHR은 캐나다, 미국, 독일, 프랑스, 터키, 알바니아 등 전 세계 57개국이 참여하는 국제 인권 기구입니다.

**2023년 통계**

| 혐오 분류 | 사건별 통계 | | | 총 사건 수 |
|---|---|---|---|---|
| | 신체 폭력 | 언어폭력 | 물건 탈취 | |
| 인종 차별 외국인 혐오 | 1,319 | 583 | 1,166 | 3,069 |
| 유대인 혐오 | 627 | 2,197 | 1,659 | 4,484 |
| 동성애 혐오 | 832 | 473 | 261 | 1,632 |
| 기독교 혐오 | 58 | 110 | 415 | 584 |
| 이슬람 혐오 | 91 | 74 | 76 | 238 |
| 남녀 차별 | 266 | 127 | 4 | 398 |

| | | | | |
|---|---|---|---|---|
| 로마인 혐오 | 19 | 14 | 2 | 34 |
| 장애 혐오 | 21 | 15 | 1 | 37 |

출처 https://hatecrime.osce.org

## 작가의 말

"어디에서 왔어? 아니, 진짜로 어디에서 왔냐고?"
어린 시절부터 내가 가장 듣기 싫어 하는 질문이에요. 나는 캐나다에서 나고 자란 파키스탄계 무슬림 여성이에요. 하지만 나는 늘 '캐나다인답지 않아' 보인다고 느꼈죠. 내가 먹는 음식, 문화, 종교는 항상 의심 받았어요. 사람들은 나를 낯설게 여겼고, 나는 늘 소외 당하고 따돌림 당한다고 느꼈죠. 어른이 된 지금도 여전히요.

피부색과 종교만으로 상대가 나를 판단하고 혐오하는 일이 얼마나 괴로운지 나는 겪어서 이미 알고 있어요. 만약 혐오 피해를 당하고 있다면 혼자가 아니라는 사실을 기억하기 바라요. 이 책에 담긴, 10대 청소년들이 각자 다른 이유와 방식으로 혐오를 마주한 이야기를 읽고 생각하며 마음의 치유를 시작하길 바라요.

다르다는 이유로 다른 사람을 두려워할 필요는 없어요. 우리는 모두 다르고, 이러한 차이가 우리 각자를 특별하게 만드니까요.

— 사메이아 지메네즈(Sameea Jimenez)

나는 유대인 여성이고 몸집이 커요. 혐오와 모욕을 나만큼 많이 당한 사람은 거의 없을 거예요. 유대인이라는 이유로, 이상적인 몸매가 아니라는 이유로 들었던 혐오의 말들은 내가 스스로를 '있는 그대로 사랑 받을 수 없는 존재'라고 생각하게 만들었어요.

지금도 몇몇 아이들은 교실 벽에 독일 나치 표식을 그리고 나치 경례를 해요. 자신이 무슨 행동을 하는지, 그 행동이 어떤 의미인지 알지 못하는 채로요. 하지만 이런 말과 행동은 누군가에게 상처를 남겨요. 혐오의 말과 행동이 오랜 시간이 지난 지금도 여전히 나를 괴롭히는 것처럼요.

나는 이 책을 읽는 여러분 모두가 더 이상 혐오의 방관자가 아니기를, 혐오에 맞서 자신을 보호할 수 있는 사람이 되기를 바라요.

— 커린 프로미슬로(Corinne Promislow)

"래리는 게이야!"

내가 학교에서 가장 자주 듣는 놀림이었어요. 친구들은 대놓고 앞에서, 또는 뒤에서 이 말을 했죠. 내가 남자답게 행동하지 않아서일까, 나는 스스로를 의심하며 자꾸만 더 움츠러들었어요.

왜 이름을 가지고 놀리는 걸까요? 왜 누군가의 성적 취향을 모욕하는 걸까요? "누구를 향한 말이건, 동성애를 혐오하는 말은 듣고 싶지 않아." 내가 정색하고 말하면 상대는 "그냥 농담이었어!"라며 웃어 넘겼어요. 하지만 혐오는 농담이 아니에요. 그렇게 재미있다면 왜 나는 웃지 않았을까요?

— 래리 스와츠(Larry Swartz)

사진 출처

셔터스톡(shutterstock) 18쪽, 20쪽, 22쪽, 25쪽, 26쪽

## 멈춰, 그건 혐오야! 혐오와 마주한 10대에게

지은이 사메이아 지메네즈, 커린 프로미슬로, 래리 스와츠 | 그린이 줄리아나 뉴펠드
옮긴이 라미파 | 편집 윤소라 | 디자인 김민서
펴낸곳 ㈜도서출판 한울림 | 펴낸이 곽미순
출판등록 2004년 4월 12일(제2021-000317호) | 주소 서울특별시 마포구 희우정로16길 21
대표전화 02-2635-1400 | 팩스 02-2635-1415
블로그 blog.naver.com/hanulimkids | 인스타그램 www.instagram.com/hanulimkids

첫판 1쇄 펴낸날 2025년 6월 5일
ISBN 979-11-6393-190-4 73330

* 한울림어린이는 ㈜도서출판 한울림의 어린이 책 브랜드입니다.
* 잘못된 책은 바꾸어 드립니다.

어린이제품안전특별법에 의한 제품 표시    제조국 대한민국    사용연령 8세 이상